YOUR KNOWLEDGE HAS VALUE

Rechtsquellen und Normenkonkurrenz im Arbeitsrecht

Arbeitsrecht I in der Pädagogik

GRIN

Bibliographic information published by the German National Library:

The German National Library lists this publication in the National Bibliography; detailed bibliographic data are available on the Internet at http://dnb.dnb.de.

ISBN: 9783389027011
This book is also available as an ebook.

© GRIN Publishing GmbH
Trappentreustraße 1
80339 München

Print and binding: Books on Demand GmbH, Norderstedt, Germany
Printed on acid-free paper from responsible sources.

The present work has been carefully prepared. Nevertheless, authors and publishers do not incur liability for the correctness of information, notes, links and advice as well as any printing errors.

GRIN web shop: https://www.grin.com/document/1475464

Hausarbeit

zum Lernmodul (Wahlpflichtfach B)

Arbeitsrecht I

IU Internationale Hochschule GmbH, 99084 Erfurt

Pädagogik für Bildung, Beratung und Personalentwicklung (Bachelor)
Fernuni-Studiengang, Vollzeit

Aufgabenstellung 1.1:

Rechtsquellen im Arbeitsrecht

Abgabedatum: 11.01.2024

Inhaltsverzeichnis

1) Die Einleitung

zur Hausarbeit ´Rechtsquellen im Arbeitsrecht´

Die vorliegende Hausarbeit behandelt das Thema der Rechtsquellen im Arbeitsrecht. Dabei erfolgt zunächst eine Kategorisierung und Vorstellung der Rechtsquellen durch die Verdichtung vorhandener Literatur und wissenschaftlicher Arbeiten. Ein *Schwerpunkt* liegt auf die Normenkonkurrenz, wobei die Normenpyramide und das Günstigkeitsprinzip erläutert werden. Die herausragende Bedeutung des Grundgesetzes im Kontext des Arbeitsrechts wird ebenfalls beleuchtet. Praxisrelevante Beispiele werden herangezogen, um die Ergebnisse der Literaturrecherchen zu untermauern. Abschließend werden die Erkenntnisse sowie die Beispiele in einem *Conclusio* - also einem Fazit und einem Ausblick - zusammengefasst. Das *Ziel* besteht darin, dass diese Hausarbeit eine klare Darstellung der Rechtsquellen im Arbeitsrecht liefert und verdeutlicht, in welchem Ausmaß das Arbeitsrecht umfangreich ist. Ich beginne meine Hausarbeit nunmehr mit einem Zitat eines Online-Artikels des Zeitungsverlags Stern aus dem Jahre 2004: *„Paragraphendschungel Deutschland: [Umfrage] Arbeitsrecht entscheidende Jobbremse – Kündigungsschutz schreckt ab!" (Stern, 2004)*. Es handelt sich hierbei um eine Befragung von dem Institut der deutschen Wirtschaft an Unternehmen, welche meist das Arbeitsrecht als recht kompliziert und unflexibel in ihren Vorgaben wahrnehmen (Stern, 2004). Das Arbeitsrecht ist heute wie früher wichtig und hat einen großen Einfluss auf die Wirtschaftsunternehmen als Arbeitgeber und natürlich auch auf die Arbeitnehmer. „Das Arbeitsrecht betrifft praktisch jeden. Es regelt die Grundlagen der Existenz und der Lebensumstände. (…) Diese existentielle Situation führt dazu, dass Arbeitsrecht ein besonders ´emotionales Recht´ ist." (Podehl, 2017, S. 15). Die Betrachtung des Arbeitsrechts unter dem Gesichtspunkt des *emotionalen Rechts* könnte auf diverse Aspekte hinweisen, die die emotionale Dimension von Arbeitsbeziehungen, Arbeitsbedingungen oder arbeitsrechtliche Fragestellungen berühren. Mögliche Ansätze wären beispielsweise die Arbeitsbedingungen und das Wohlbefinden, die Diskriminierung und die Gleichbehandlung, Kündigungen und emotionale Belastungen, Interaktionen am Arbeitsplatz sowie arbeitsrechtliche Mediation und Konfliktlösung. Das emotionale Recht, wie beschrieben, ist gekoppelt mit gesetzlichen Grundlagen, Arbeitsverträge, Tarifverträge, internationale Übereinkommen und der deutschen Rechtsprechung. Durch diesen *Schutzschirm* der Gesetzgebung sollen Arbeitnehmer geschützt und das Arbeitsverhältnis fair, gerecht und im Einklang mit den Grundsätzen der Menschenwürde gestaltet werden. Die *Zusammenhänge* werden im Einzelnen in dieser Hausarbeit im Folgenden dargestellt und erläutert.

2) Die Rechtsquellen im Arbeitsrecht

2.1 Die Arbeitsverträge

Ein Arbeitsvertrag ist eine rechtliche Vereinbarung im Privatrecht, die zwischen einem Arbeitgeber und einem Arbeitnehmer abgeschlossen wird. Im Rahmen des Arbeitsvertrags werden die spezifischen Details der zu erbringenden Tätigkeiten sowie weitere Modalitäten benannt und konkretisiert.

Gemäß dem Bürgerlichen Gesetzbuch (BGB) wird der Arbeitsvertrag im Grundsatz in § 611 a Absatz 1 und 2 BGB definiert und geregelt: "(1) Durch den Arbeitsvertrag wird der Arbeitnehmer in den Diensten eines anderen zur Leistung weisungsgebundener, fremdbestimmter Arbeit in persönlicher Abhängigkeit verpflichtet. Das Weisungsrecht kann Inhalt, Durchführung, Zeit und Ort der Tätigkeit betreffen. Weisungsgebunden ist, wer nicht im Wesentlichen frei seine Tätigkeit gestalten und seine Arbeitszeit bestimmen kann. Der Grad der persönlichen Abhängigkeit hängt dabei auch von der Eigenart der jeweiligen Tätigkeit ab. Für die Feststellung, ob ein Arbeitsvertrag vorliegt, ist eine Gesamtbetrachtung aller Umstände vorzunehmen. Zeigt die tatsächliche Durchführung des Vertragsverhältnisses, dass es sich um ein Arbeitsverhältnis handelt, kommt es auf die Bezeichnung im Vertrag nicht an. (2) Der Arbeitgeber ist zur Zahlung der vereinbarten Vergütung verpflichtet." (BGB, 2023). Die konkrete Rolle des Arbeitsvertrags im Arbeitsrecht und ihre Position werden später in meiner Hausarbeit näher erläutert. Beispielsweise können Tarifverträge oder auch Betriebsvereinbarungen Auswirkungen darauf haben, wie ein Arbeitsvertrag angewendet werden kann.

2.2. Die betriebliche Übung

Eine betriebliche Übung im Arbeitsrecht bezieht sich auf eine regelmäßige, gleichartige und einseitige Praxis des Arbeitgebers, Leistungen oder Verhaltensweisen zu gewähren, die über die im Arbeitsvertrag oder in Tarifverträgen festgelegten Pflichten hinausgehen. Solche Leistungen können beispielsweise zusätzliche Vergünstigungen, Bonuszahlungen, Sonderzahlungen oder andere freiwillige Zuwendungen sein. Damit eine betriebliche Übung entsteht, müssen bestimmte Voraussetzungen erfüllt sein, d. h. die Leistung oder das Verhalten des Arbeitgebers muss in regelmäßigen Abständen erfolgen, sodass die Arbeitnehmer darauf vertrauen können, dass dies auch in Zukunft der Fall sein wird (*Regelmäßigkeit*), die Leistung oder das Verhalten muss inhaltlich gleichartig sein, um als betriebliche Übung anerkannt zu werden. Es reicht nicht aus, wenn der Arbeitgeber sporadisch und unregelmäßig unterschiedliche Leistungen gewähr (*Gleichartigkeit*) und die Leistung oder das Verhalten des Arbeitgebers darf nicht auf einer rechtlichen Verpflichtung beruhen. Es muss sich um freiwillige, einseitige Handlungen des Arbeitgebers handeln (*Einseitigkeit*). Sobald eine betriebliche Übung etabliert ist, entsteht für die Arbeitnehmer ein Anspruch darauf. Das bedeutet, dass der Arbeitgeber die gewährten Leistungen nicht ohne Weiteres einseitig ändern oder streichen kann. Eine betriebliche Übung kann auch dann entstehen, wenn die Leistungen im Arbeitsvertrag nicht ausdrücklich geregelt sind. „Unter betrieblicher Übung versteht man eine regelmäßige Wiederholung bestimmter Verhaltensweisen des Arbeitgebers, aus denen die Arbeitnehmer schließen dürfen, dass ihnen eine Leistung oder eine Begünstigung auf Dauer gewährt werden soll." (Urteil des Bundesarbeitsgerichts Erfurt, 1997, Aktenzeichen: 10 AZR 705/96). Hier wird also nochmal dargelegt, dass die betriebliche Übung Bestandteil des Arbeitsverhältnisses und somit ebenfalls Vertragsbestandteil ist (Haufe Verlag, 2019).

2.3 Die Betriebsvereinbarungen

Betriebsvereinbarungen, hier sind diese dem Kollektivarbeitsrecht zuzuordnen, sind im deutschen Arbeitsrecht getroffene Regelungen zwischen dem Arbeitgeber und dem Betriebsrat auf betrieblicher Ebene. Sie dienen der Regelung von Arbeitsbedingungen, sozialen Angelegenheiten und Interessenvertretung der Arbeitnehmer innerhalb eines Unternehmens. Die Möglichkeit, Betriebsvereinbarungen abzuschließen, ist im Betriebsverfassungsgesetz (BetrVG) verankert. Betriebsvereinbarungen werden zwischen dem Arbeitgeber und dem Betriebsrat abgeschlossen - beide Parteien müssen dem Inhalt zustimmen (beteiligte Parteien). Sie können verschiedene Aspekte regeln, darunter Arbeitszeiten, Pausenregelungen, Urlaub, Gesundheits- und Sicherheitsmaßnahmen, Weiterbildung, betriebliche Altersversorgung, und vieles mehr. Die Regelungen dürfen nicht gegen Gesetze oder Tarifverträge verstoßen (innerbetriebliche Regelungen). Manche Regelungen sind zwingend, das bedeutet, dass sie für alle Arbeitnehmer gelten müssen und nicht durch Betriebsvereinbarungen abgeändert werden können. Andere Regelungen können dispositiv sein, das heißt, sie können durch eine Betriebsvereinbarung flexibel gestaltet werden, wenn die Tarifverträge dies erlauben (zwingende und dispositiv wirkende Regelungen). Betriebsvereinbarungen können befristet oder unbefristet sein. Die Dauer hängt von den getroffenen Absprachen ab (Dauer der Betriebsvereinbarungen). Weiter können Betriebsvereinbarungen unter bestimmten Voraussetzungen geändert oder gekündigt werden. Dabei müssen jedoch die Mitbestimmungsrechte des Betriebsrats beachtet werden (Änderung und Kündigung). Der Betriebsrat hat ein Mitbestimmungsrecht bei Regelungen, die die Arbeitsbedingungen der Arbeitnehmer betreffen. Das bedeutet, dass der Betriebsrat in bestimmten Fällen zustimmen muss, damit die Betriebsvereinbarung wirksam wird (Mitbestimmung des Betriebsrats). Betriebsvereinbarungen spielen eine wichtige Rolle bei der Flexibilisierung von Arbeitsbedingungen und der Schaffung von individuellen Regelungen auf betrieblicher Ebene. Sie sind ein Instrument zur Sicherung der Mitbestimmungsrechte der Arbeitnehmervertretung und tragen zur Gestaltung eines guten Betriebsklimas bei. Es gibt eine Befragung durch das wirtschafts- und sozialwissenschaftliche Institut (WSI) die auch themenstrukturierte Auskünfte über die Betriebsvereinbarungen erteilt anhand der mit über 2000 Betriebsräten durchgeführte Befragung von 2015/2017 (Hans-Böckler-Stiftung, nach Baumann/Mierich, Mitbestimmungsreport 03-2008, 2018).

2.4 Das europäische Recht

Das Arbeitsrecht in Deutschland wird maßgeblich durch nationale Gesetze, Verordnungen und Tarifverträge geregelt. Allerdings hat auch das europäische Recht einen erheblichen Einfluss auf das deutsche Arbeitsrecht. Die europäischen Verträge, ganz besonders dieser betreffend die Arbeitsweise der Europäischen Union, enthalten Grundfreiheiten, die sich auf das Arbeitsrecht auswirken.

Dazu gehört die Freizügigkeit der Arbeitnehmer innerhalb der EU, das Diskriminierungsverbot aufgrund der Staatsangehörigkeit und das Verbot der Diskriminierung aus Gründen des Geschlechts (*Grundfreiheiten und Diskriminierungsverbot*), die EU-Arbeitszeitrichtlinie legt Mindeststandards für die Arbeitszeitgestaltung fest, einschließlich Höchstarbeitszeiten, Ruhepausen und Urlaubsanspruch. Die Mitgliedstaaten, einschließlich Deutschland, müssen sicherstellen, dass ihre nationalen Regelungen diese Mindeststandards erfüllen (*Arbeitszeitrichtlinie*). Das Recht auf Beteiligung der Arbeitnehmer am Entscheidungsprozess im Unternehmen, insbesondere die Mitbestimmung durch Betriebsräte, wird durch die Europäische Betriebsräte-Richtlinie und die Mitbestimmungsrichtlinie beeinflusst. Diese Richtlinien sollen sicherstellen, dass Arbeitnehmer in grenzüberschreitenden Unternehmen angemessen informiert und konsultiert werden (*Betriebsräte und Mitbestimmung*). Der Gleichbehandlungsgrundsatz, der sich aus europäischen Antidiskriminierungsrichtlinien ableitet, wirkt sich auf das deutsche Arbeitsrecht aus. Dies betrifft insbesondere den Schutz vor Diskriminierung aufgrund von Geschlecht, Rasse, ethnischer Herkunft, Religion oder Weltanschauung, Behinderung, Alter und sexueller Orientierung (*Gleichbehandlungsgrundsatz*). Die Insolvenzschutzrichtlinie der EU beeinflusst auch das Arbeitsrecht, indem sie Mindeststandards für den Schutz von Arbeitnehmern bei Insolvenz ihres Arbeitgebers festlegt. Insbesondere sollen offene Lohnforderungen und Beiträge zu Sozialversicherungen abgesichert werden (*Insolvenzschutz*). Weiter gibt es eine sogenannte ´Charta´ (*Abkommen*) der Europäischen Union. Die Charta (Grundrechte) der Europäischen Union (EU) ist eine Sammlung von Grundrechten und Freiheiten, die in der Europäischen Union gelten. Sie wurde erstmals im Jahr 2000 verabschiedet und erhielt mit dem Vertrag von Lissabon im Jahr 2009 rechtlichen Status. Die benannte *Charta* besteht aus *sieben Teilen*. Die *Würde*, die *Freiheiten* - hier sind Freiheitsrechte wie das Recht auf Leben, das Recht auf Privat- und Familienleben und deren Beachtung, die Meinungsfreiheit und die Religionsfreiheit enthalten, die *Gleichheit* - dieser Teil beinhaltet das Diskriminierungsverbot aufgrund verschiedener Merkmale, die *Solidarität* - dieser Abschnitt umfasst Rechte im Bereich der sozialen Sicherheit, des Umweltschutzes, des Verbraucherschutzes und des öffentlichen Gesundheitswesens, die Bürgerrechte - hier sind politische Rechte wie das Wahlrecht und das Recht auf Zugang zu Dokumenten enthalten, die justiziellen Rechte - dieser Abschnitt behandelt das Recht auf einen fairen Prozess, das Recht auf Asyl, das Recht auf Datenschutz und das Recht auf wirksamen Rechtsbehelf und die allgemeinen Bestimmungen - dieser Teil enthält Bestimmungen zur Auslegung und Anwendung der Charta.

2.5 Das Gesetzesrecht

Im Arbeitsrecht bezieht sich der Begriff "*Gesetzesrecht*" darauf, dass die grundlegenden Regelungen und Normen des Arbeitsrechts in Gesetzen verankert sind. In Deutschland bildet das Arbeitsrecht einen bedeutenden Teil des Individualarbeitsrechts und des kollektiven Arbeitsrechts, und es wird von verschiedenen Gesetzen geregelt. Die wichtigsten Gesetze im deutschen Arbeitsrecht ist das Bürgerliches Gesetzbuch (BGB) (das BGB enthält allgemeine Bestimmungen zum Arbeitsvertrag, zu den Rechten und Pflichten von Arbeitgeber und Arbeitnehmer sowie zu Kündigungsfristen und -gründen), das Arbeitszeitgesetz (ArbZG) (das ArbZG regelt die Arbeitszeit der Arbeitnehmer, einschließlich Ruhepausen, Ruhezeiten und Höchstarbeitszeiten), das Betriebsverfassungsgesetz (BetrVG) (das BetrVG regelt die Mitbestimmungsrechte der Arbeitnehmer durch die Bildung von Betriebsräten und die Zusammenarbeit zwischen Arbeitgeber und Betriebsrat), das Kündigungsschutzgesetz (KSchG) (das KSchG enthält Bestimmungen zum Schutz der Arbeitnehmer vor ungerechtfertigten Kündigungen und legt die Voraussetzungen für wirksame Kündigungen fest), das Tarifvertragsgesetz (TVG) (das TVG regelt die Rechtsbeziehungen zwischen den Tarifvertragsparteien (Arbeitgeber und Gewerkschaften) und legt die Bedingungen für Tarifverträge fest), das Entgelttransparenzgesetz (dieses Gesetz regelt die Förderung der Entgelttransparenz zwischen Frauen und Männern), das Mindestlohngesetz (MiLoG) (das MiLoG legt einen allgemeinen gesetzlichen Mindestlohn fest, den Arbeitgeber ihren Arbeitnehmern zahlen müssen), das Mutterschutzgesetz (MuSchG) (das MuSchG schützt werdende und stillende Mütter am Arbeitsplatz und regelt deren Beschäftigungsbedingungen) und das Teilzeit- und Befristungsgesetz (TzBfG) (das TzBfG regelt die Bedingungen für Teilzeitarbeit und befristete Arbeitsverträge). Grundsätzlich wird das Arbeitsrecht in zwei Bereiche unterteilt – dem Individualarbeitsrecht, regelt die Beziehung in rechtlicher Hinsicht zwischen dem Arbeitgeber und dem Arbeitnehmer, thematisiert beispielsweise Arbeitsvertrag, Arbeitszeitregelungen, Vergütung und Lohnzahlung, Urlaubsanspruch, Kündigungsfristen und -gründe, Arbeitnehmerpflichten, Mobilitätsklauseln, Arbeitszeugnis sowie weitere Vereinbarungen (hierzu zählen §§ 611 ff. BGB, 105 ff. GewO, 59 ff. HGB sowie KSchG, SGB IX, ArbPlSchG, JArbSchG, MuSchG, ArbZG, AGG, BBiG, ArbSchG, BurlG und KSchG – *Erläuterungen dazu siehe Abkürzungsverzeichnis*) und dem Kollektivarbeitsrecht, welches die Beziehung zwischen den Arbeitgeberverbänden und den Gewerkschaften regelt, beispielsweise betreffend die Tarifverträge, Betriebsvereinbarungen, Mitbestimmung des Betriebsrates, Streik- und Aussperrungsrecht, europäischer Betriebsrat, Arbeitnehmervertretung in Aufsichtsräten und Sozialpläne (hierzu zählen TVG, BetrVG, MitbestG, PersVG [nur Bund und Länder] – *Erläuterungen siehe Abkürzungsverzeichnis*). Geregelt ist das Prozessrecht in ArbGG und in der ZPO – Erläuterungen siehe Abkürzungsverzeichnis. Das Prozessrecht ist ein Teilgebiet des Rechts, das die Regeln und Verfahren für die Durchsetzung von Rechtsansprüchen vor Gericht oder anderen staatlichen Institutionen festlegt. Es regelt den Ablauf von gerichtlichen Verfahren, die Rechte und Pflichten der Parteien sowie die Zuständigkeit und Entscheidungsbefugnis der Gerichte. Das Prozessrecht ist also der rechtliche Rahmen, der sicherstellt, dass gerichtliche Verfahren fair, effizient und gerecht ablaufen. Im Arbeitsrecht jedoch regelt die das Zivilprozessrecht die Verfahren vor den Zivilgerichten, in denen private Rechtsstreitigkeiten zwischen Einzelpersonen, Unternehmen oder anderen privaten Organisationen entschieden werden. In der Arbeitsgerichtsbarkeit enthält das Prozessrecht auch die Regelungen für gerichtliche Verfahren in arbeitsrechtlichen Angelegenheiten beispielsweise das Arbeitszeitgesetz (ArbZG), das vor zu langen Arbeitszeiten schützen soll oder das allgemeine Gleichbehandlungsgesetz (AGG) zum Schutz vor Diskriminierung (vgl. Podehl, 2017, S. 21), *insbesondere* Kündigungsschutzklagen, Streitigkeiten über Arbeitsverträge und Mitbestimmungsrechte. Die spezifischen Regeln des Prozessrechts variieren je nach Rechtsordnung und Rechtsgebiet. Das Prozessrecht ist von grundlegender Bedeutung für die Gewährleistung eines fairen und ordnungsgemäßen Ablaufs von rechtlichen Verfahren und trägt dazu bei, die Rechtsstaatlichkeit zu sichern. Es legt beispielsweise fest, wie Klagen eingereicht werden, wie Beweise präsentiert werden, welche Rechte die Parteien haben und wie Gerichtsentscheidungen angefochten werden können.

2.6 Das Grundgesetz

Das *Grundgesetz (GG)* der Bundesrepublik Deutschland ist die Verfassung und bildet die rechtliche Grundlage für alle Gesetze und Rechtsvorschriften im Land. Auch im *Arbeitsrecht* spielt das Grundgesetz eine wichtige Rolle, insbesondere im Hinblick auf grundlegende Rechte und Prinzipien. Der *Artikel 2 Grundgesetz - Allgemeine Handlungsfreiheit* (Artikel 2 schützt das Grundrecht auf allgemeine Handlungsfreiheit. Dieses Grundrecht umfasst auch das Recht auf Ausübung einer beruflichen Tätigkeit, was im Kontext des Arbeitsrechts von Bedeutung ist), der *Artikel 12 Grundgesetz –* *Berufsfreiheit* (Artikel 12 garantiert die Freiheit der Berufsausübung. Dieses Grundrecht schützt das Recht der Bürger, ihren Beruf frei zu wählen und auszuüben. Es hat Bedeutung bei Fragen der Berufszulassung, der freien Arbeitsplatzwahl und anderer berufsbezogener Aspekte), der *Artikel 9* *Grundgesetz – Koalitionsfreiheit* (Artikel 9 schützt die Koalitionsfreiheit, einschließlich des Rechts zur Bildung von Gewerkschaften und Arbeitgeberverbänden. Dieses Grundrecht spielt eine entscheidende Rolle im deutschen Arbeitsrecht, da es die Organisationsfreiheit der Arbeitnehmer und Arbeitgeber in kollektiven Verhandlungen und Aktionen gewährleistet), der *Artikel 14 Grundgesetz* *– Eigentumsgarantie* (der Artikel 14 schützt das Eigentumsrecht. Im Arbeitskontext kann dies relevant sein, wenn es um betriebliche Mitbestimmung, Arbeitsplatzsicherheit oder arbeitsvertragliche Regelungen geht), der *Artikel 3 Grundgesetz – Gleichheitsgrundsatz* (Artikel 3 verbietet die Diskriminierung aufgrund bestimmter Merkmale wie Geschlecht, Rasse, Herkunft, Glaube und sexueller Orientierung. Der *Gleichheitsgrundsatz ist im Arbeitsrecht* wichtig, um Diskriminierung am Arbeitsplatz zu verhindern) und der *Artikel 6 Grundgesetz - Schutz von Ehe und Familie* (Artikel 6 schützt Ehe und Familie. Dies kann im Arbeitsrecht relevant sein, wenn es um *Regelungen zur Vereinbarkeit* *von Familie und Beruf* geht). *Podehl* beschreibt in seinem Buch hervorragend, wie *Grundrechte* *schützen* können (vgl. Podehl, 2007, S. 20).

2.7 Die Tarifverträge

Tarifverträge sind schriftliche Vereinbarungen zwischen Arbeitgeberverbänden oder einzelnen Arbeitgebern und Gewerkschaften über Arbeitsbedingungen und -vergütungen. Diese Vereinbarungen gelten für eine bestimmte Branche, Region oder ein Unternehmen, und regeln die Rechte und Pflichten von Arbeitnehmern und Arbeitgebern in einem Tarifvertragsgebiet. Die wichtigsten Merkmale von Tarifverträgen sind beispielsweise, dass die Vertragsparteien eines Tarifvertrags in der Regel Gewerkschaften, die die Interessen der Arbeitnehmer vertreten, und Arbeitgeberverbände oder einzelne Arbeitgeber sind (*Vertragsparteien*), Tarifverträge regeln verschiedene Aspekte der Arbeitsbedingungen, darunter Löhne, Arbeitszeiten, Urlaubsansprüche, Kündigungsfristen, Sonderzahlungen, Arbeitsplatzsicherheit, Fortbildungen und weitere soziale Leistungen (*Inhalte*), der Geltungsbereich eines Tarifvertrags kann auf eine Branche, eine Region oder ein bestimmtes Unternehmen beschränkt sein. Tarifverträge können allgemeine, branchenweite Vereinbarungen oder auch spezifische Regelungen für einzelne Unternehmen enthalten (*Geltungsbereich*), Tarifvertragsabschlüsse werden für einen gewissen Zeitraum geschlossen, welcher grundsätzlich zwischen einigen Monaten und mehreren Jahren liegt. Nach Ablauf der Laufzeit müssen die Parteien über eine mögliche Fortsetzung oder Änderung des Tarifvertrags verhandeln (*Dauer*), in Deutschland wird die Tarifautonomie hochgeschätzt. Das bedeutet, dass die Parteien (*Gewerkschaften und Arbeitgeber*) weitgehende Freiheit haben, Tarifverträge auszuhandeln und abzuschließen, ohne staatliche Einmischung (*Tarifautonomie*), einige Tarifverträge können auf Antrag für allgemeinverbindlich erklärt werden, was bedeutet, dass diese auch für nicht dem Tarif angegliederte Firmen und Arbeitnehmer in der Branche gültig sind (*Allgemeinverbindlichkeit*) und in vielen Fällen sind Betriebsräte an der Umsetzung von Tarifverträgen beteiligt, insbesondere wenn es um Fragen der Arbeitszeit, der Eingruppierung und anderer betrieblicher Angelegenheiten geht (*Mitbestimmung*). Es gibt diverse Formen von Tarifverträgen wie zum Beispiel Branchen-/ Flächentarifverträge, Manteltarifverträge, Firmentarifverträge, Anschlusstarifverträge oder Sanierungstarifverträge sowie diverse andere Tarifverträge (Ministerium für Arbeit, Gesundheit und Soziales, 2019).

2.8 Das Weisungsrecht (Direktionsrecht) des Arbeitgebers

Das Weisungsrecht, geregelt in §§ 106 GewO, 611 a und 315 BGB, des Arbeitgebers ist ein zentrales Element im deutschen Arbeitsrecht und definiert die Befugnis des Arbeitgebers, dem Arbeitnehmer bestimmte Anweisungen zu erteilen, um die Arbeitsleistung zu regeln. Der Arbeitnehmer erklärt sich im Rahmen des Arbeitsvertrags bereit, den Weisungen des Arbeitgebers im Rahmen der arbeitsvertraglichen Vereinbarungen zu folgen (*Bestandteil des Arbeitsvertrags*), das Weisungsrecht betrifft in erster Linie den Arbeitsinhalt und den Arbeitsort. Der Arbeitgeber kann dem Arbeitnehmer Anweisungen darüber geben, welche Aufgaben er zu erledigen hat und wo diese Aufgaben ausgeführt werden sollen (*Arbeitsinhalt und Arbeitsort*), das Weisungsrecht ist nicht grenzenlos. Es darf nicht gegen geltendes Recht, den Arbeitsvertrag oder gute Sitten verstoßen. Insbesondere sind Diskriminierungen, unzumutbare Änderungen der Arbeitsbedingungen oder Verletzungen der Persönlichkeitsrechte des Arbeitnehmers nicht gestattet (*inhaltliche Grenzen*) und die Weisungen des Arbeitgebers müssen für den Arbeitnehmer zumutbar sein (*Zumutbarkeit*). Der Betriebsrat hat ein Mitbestimmungsrecht bei bestimmten Weisungen (vgl. Bundesrepublik Deutschland, GewO, 2019).

3) Die Normenkonkurrenz im Arbeitsrecht

3.1 Die Normenpyramide und das Günstigkeitsprinzip

Die Normenpyramide im deutschen Arbeitsrecht bezieht sich auf die Hierarchie der verschiedenen Rechtsquellen, die im Arbeitsrecht Anwendung finden. An oberster Stelle der Normenpyramide steht das Grundgesetz (GG), das die grundlegenden Rechte und Prinzipien für alle Rechtsgebiete, einschließlich des Arbeitsrechts, festlegt (*Verfassung*). Gesetze, wie das Bürgerliche Gesetzbuch (BGB) mit den arbeitsrechtlichen Regelungen haben eine hohe Rangstufe. Sie dürfen jedoch nicht gegen höherrangige Rechtsnormen verstoßen (*Arbeitsverträge*) und das Günstigkeitsprinzip besagt, dass im Falle von Konflikten zwischen verschiedenen Rechtsquellen die für den Arbeitnehmer günstigere Regelung anzuwenden ist (*Günstigkeitsprinzip*) (vgl. Podehl, 2017, S. 35).

3.2 Das Grundgesetz und ihre grundlegende Bedeutung im Arbeitsrecht

Das Grundgesetz (GG) der Bundesrepublik Deutschland ist die Verfassung des Landes und bildet die Grundlage für das gesamte Rechtssystem. Im Arbeitsrecht spielt das Grundgesetz eine grundlegende Rolle, insbesondere durch die darin verankerten Grundrechte, die auch im Arbeitsverhältnis beachtet werden müssen. Grundlegende Aspekte der Bedeutung des Grundgesetzes im Arbeitsrecht sind der Gleichbehandlungsgrundsatz (Artikel 3 GG) (das Grundgesetz verbietet die Diskriminierung aufgrund von Geschlecht, Rasse, Sprache, Herkunft, Glauben, Behinderung, etc. Im Arbeitsrecht bedeutet dies, dass Arbeitnehmerinnen und Arbeitnehmer vor Diskriminierung geschützt sind, sowohl bei der Einstellung als auch während des laufenden Arbeitsverhältnisses), Freiheit der Berufsausübung (Artikel 12 GG) (das Grundgesetz garantiert das Recht auf freie Berufsausübung. Dies schließt das Recht ein, einen Beruf frei zu wählen und auszuüben. Im Arbeitsrecht bedeutet dies, dass Eingriffe in die Berufsfreiheit, wie beispielsweise Berufsverbote, nur unter bestimmten Voraussetzungen und mit gesetzlicher Grundlage zulässig sind), Eigentumsrecht (Artikel 14 GG) (das Grundgesetz schützt das Eigentum. Im Arbeitsrecht betrifft dies insbesondere die Frage der Enteignung oder anderer schwerwiegender Eingriffe in das Vermögen von Unternehmen und Arbeitnehmern), Versammlungsfreiheit (Artikel 8 GG) (Arbeitnehmer haben das Recht, sich zu versammeln und Gewerkschaften beizutreten. Dies stärkt ihre Position bei Verhandlungen über Arbeitsbedingungen und Tarifverträge), Unverletzlichkeit der Wohnung (Artikel 13 GG) (das Grundgesetz schützt die Privatsphäre. Dies hat auch im Arbeitsverhältnis Bedeutung, zum Beispiel bei der Überwachung am Arbeitsplatz) und Meinungsfreiheit (Artikel 5 GG) (Arbeitnehmer haben das Recht auf freie Meinungsäußerung, was auch am Arbeitsplatz gilt. Allerdings gibt es Grenzen, insbesondere wenn die Äußerungen das Arbeitsverhältnis oder den Betriebsfrieden beeinträchtigen). Diese Grundrechte gelten jedoch nicht uneingeschränkt und können durch andere Rechtsnormen eingeschränkt werden, sofern diese Einschränkungen verhältnismäßig sind.

.

4) *Conclusio* – Fazit und Ausblick

Zusammenfassend lässt sich sagen, dass das Grundgesetz einen entscheidenden Einfluss auf das deutsche Arbeitsrecht hat. Die im Grundgesetz verankerten Grundrechte und Prinzipien, wie der Schutz der Menschenwürde, die allgemeine Handlungsfreiheit, der Gleichheitsgrundsatz und andere, dienen als rechtliche Grundlage für die Ausgestaltung von Arbeitsverhältnissen und schützen die Rechte und Freiheiten der Arbeitnehmer.

Das Grundgesetz gewährleistet, dass Arbeitsbedingungen fair, menschenwürdig und im Einklang mit den Grundrechten gestaltet werden. Das Arbeitsrecht in Deutschland ist geprägt durch gesetzliche Regelungen wie Tarifverträge, Betriebsvereinbarungen usw. Die Rechtsgrundlagen schaffen einen Rahmen, der die Rechte und Pflichten von Arbeitgebern und Arbeitnehmern definiert. Das Günstigkeitsprinzip stellt sicher, dass im Konfliktfall die für den Arbeitnehmer günstigere Regelung Anwendung findet. Das Weisungsrecht des Arbeitgebers und die Tarifautonomie sind wichtige Elemente der deutschen Arbeitsrechtsordnung.

Die Entwicklungen im Arbeitsrecht werden weiterhin von Veränderungen beeinflusst. Zukünftige Entwicklungen könnten Themen wie Digitalisierung, Datenschutz am Arbeitsplatz und die Förderung von Chancengleichheit am Arbeitsmarkt umfassen.

Es bleibt abzuwarten, wie Gesetzgebung, Rechtsprechung und soziale Akteure darauf reagieren und das Arbeitsrecht weiterentwickeln werden.

5) Das Literaturverzeichnis

1. Bundesrepublik Deutschland, 2023: BGB, Herausgeber: Bundesministerium der Justiz, Berlin
   Link: https://www.gesetze-im-internet.de/bgb/ (*Zugriff:* 09.01.2024, 19:37 Uhr)

2. Bundesrepublik Deutschland, 2023: GewO – nichtamtliches Verzeichnis
   Herausgeber: Bundesministerium der Justiz, Berlin
   Link: https://www.gesetze-im-internet.de/gewo/ (*Zugriff:* 09.01.2024, 19:40 Uhr)

3. Erdhütter, R., 2005: Seminararbeit: Arbeitsrecht in der europäischen Grundrechts-Charta, Herausgeber: Universität zu Leipzig, Leipzig

4. Europäische Union, 2010: Charta der Grundrechte der europäischen Union, Herausgeber: Europäische Union – Amtsblatt

5. FOM – Fachhochschule für Ökonomie und Management, 2016/2017: Normenpyramide im Arbeitsrecht, Herausgeber: FOM – Hochschule für Ökonomie und Management, Essen

6. Hans-Böckler-Stiftung, 2018: Arbeiten 4.0 – Diskurs und Praxis in Betriebsvereinbarungen Teil II, Mitbestimmungsreport Nr. 41, Herausgeber: Hans-Böckler-Stiftung, Düsseldorf
   Link: https://www.econstor.eu/handle/10419/175563#?
   (PDF: https://www.econstor.eu/bitstream/10419/175563/1/p_mbf_report_2018_41.pdf)
   (Zugriff: 09.01.2024, 19:50 Uhr und 19:58 Uhr)

7. Haufe Verlag, 2019: Ansprüche aus betrieblicher Übung – 1.1. Definition, Haufe Personal Office Platin, Herausgeber: Haufe Verlag, Freiburg im Breisgau
   Link: https://haufe.de/personal/haufe-personal-office-platin/ansprueche-aus-betrieblicher-uebung-11-definition_idesk_PI42323_HI2264860.html (Zugriff: 09.01.2024, 20:02 Uhr)

8. Ministerium für Arbeit, Gesundheit und Soziales, 2019: Arten der Tarifverträge – Tarifre-gister Nordrhein-Westfalen, Herausgeber: Ministerium für Arbeit, Gesundheit u. Soziales, Düsseldorf, *Link:* http://tarifregister.nrw.de/tarifregister (Zugriff: 09.01.2024, 20:35 Uhr)

9. Podehl, J., 2017: Arbeitsrecht. Praktischer Leitfaden für den betrieblichen Einsatz, Heraus-geber: Springer Gabler Verlag, Wiesbaden

10. Stern (Online), 2004: *Online-Artikel vom 26.05.2004*: Paragrafendschungel Deutschland: [Umfrage] Arbeitsrecht entscheidende Jobbremse – Kündigungsschutz schreckt ab! Herausgeber: G+J Medien GmbH, Hamburg
    Link: https://www.stern.de/wirtschaft/job/umfrage-arbeitsrecht-entscheidende-job-bremse-3072562.html (Zugriff: 09.01.2024, 21:45 Uhr)

Das Abkürzungsverzeichnis

A

AGG: Allgemeines Gleichbehandlungsgesetz

ArbPlSchG: Arbeitsplatzschutzgesetz

ArbSchG: Arbeitsschutzgesetz

ArbZG: Arbeitszeitgesetz

B

BBiG: Berufsbildungsgesetz

BetrVG: Betriebsverfassungsgesetz

BGB: Bürgerliches Gesetzbuch

BurlG: Bundesurlaubsgesetz

F

FOM: Fachhochschule für Ökonomie und Management

G

GewO: Gewerbeordnung

H

HGB: Handelsgesetzbuch

J

JArbSchG: Jugendarbeitsschutzgesetz

K

KSchG: Kündigungsschutzgesetz

M

MitbestG: Mitbestimmungsgesetz

MuSchG: Mutterschutzgesetz

P

PersVG: Personalvertretungsgesetz

S

SGB IX: Sozialgesetzbuch 9

T

TVG: Tarifvertragsgesetz

YOUR KNOWLEDGE HAS VALUE

- We will publish your bachelor's and master's thesis, essays and papers

- Your own eBook and book - sold worldwide in all relevant shops

- Earn money with each sale

Upload your text at www.GRIN.com and publish for free